I0480736

Este libro pertenece a :

____

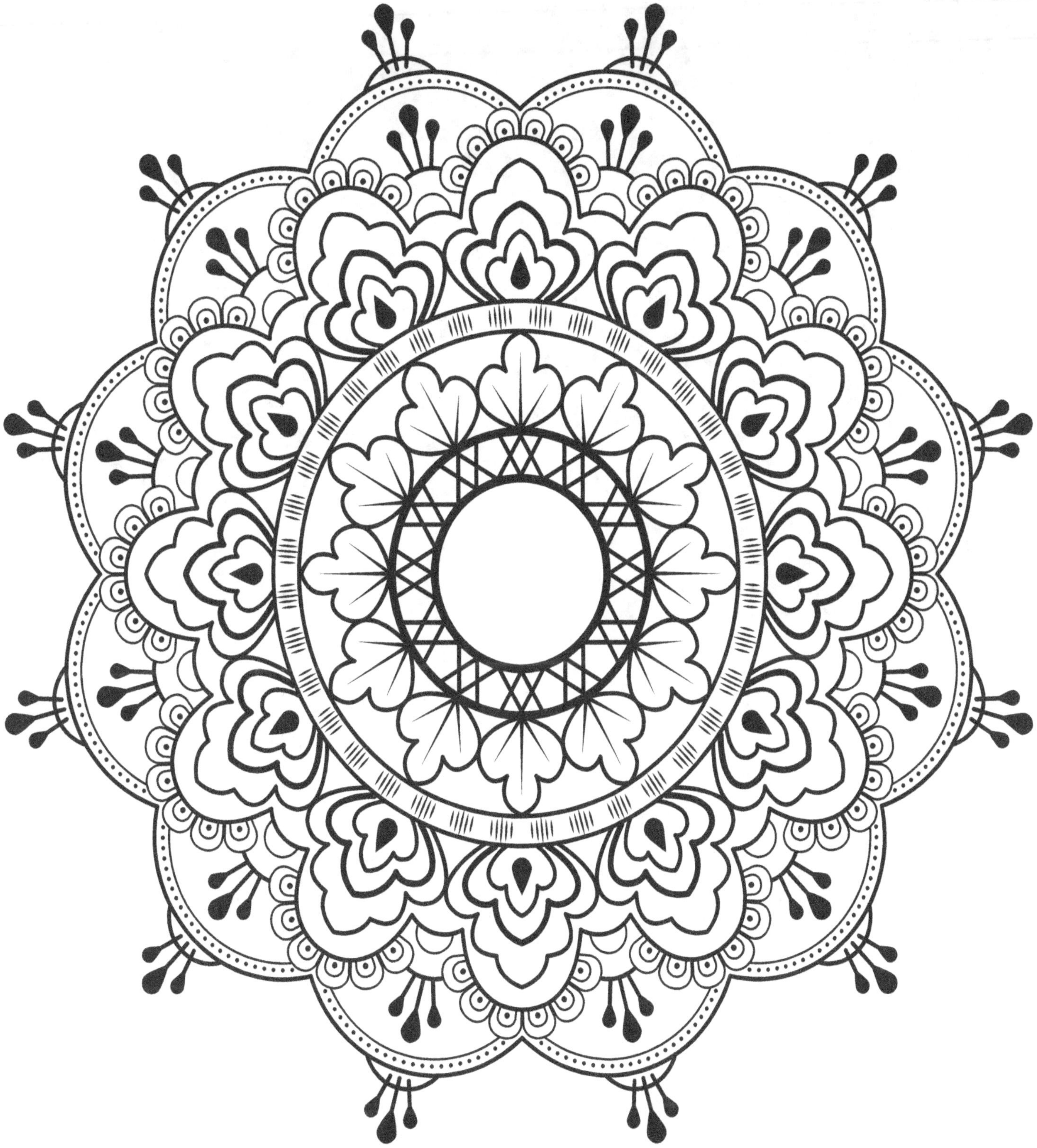

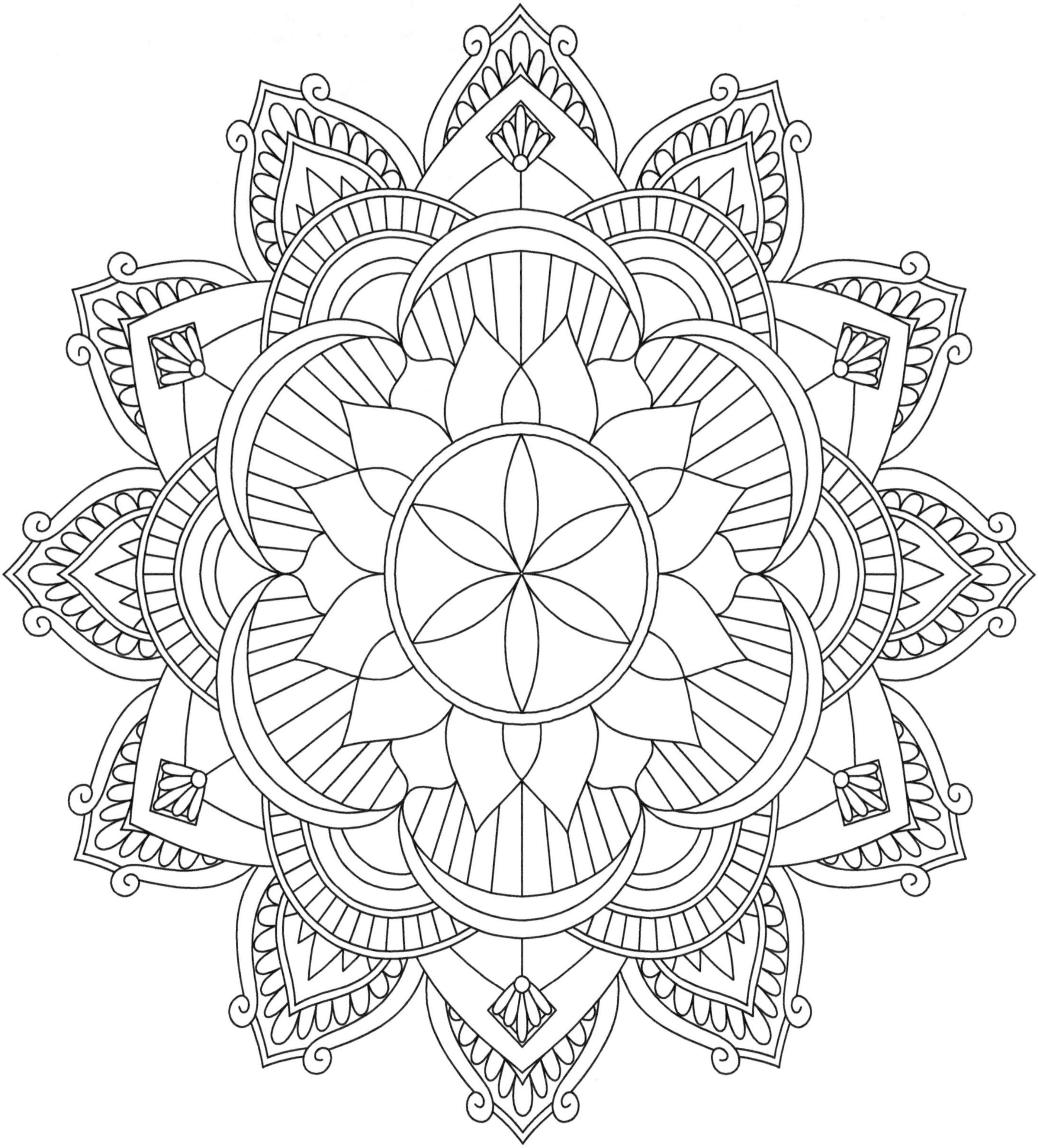

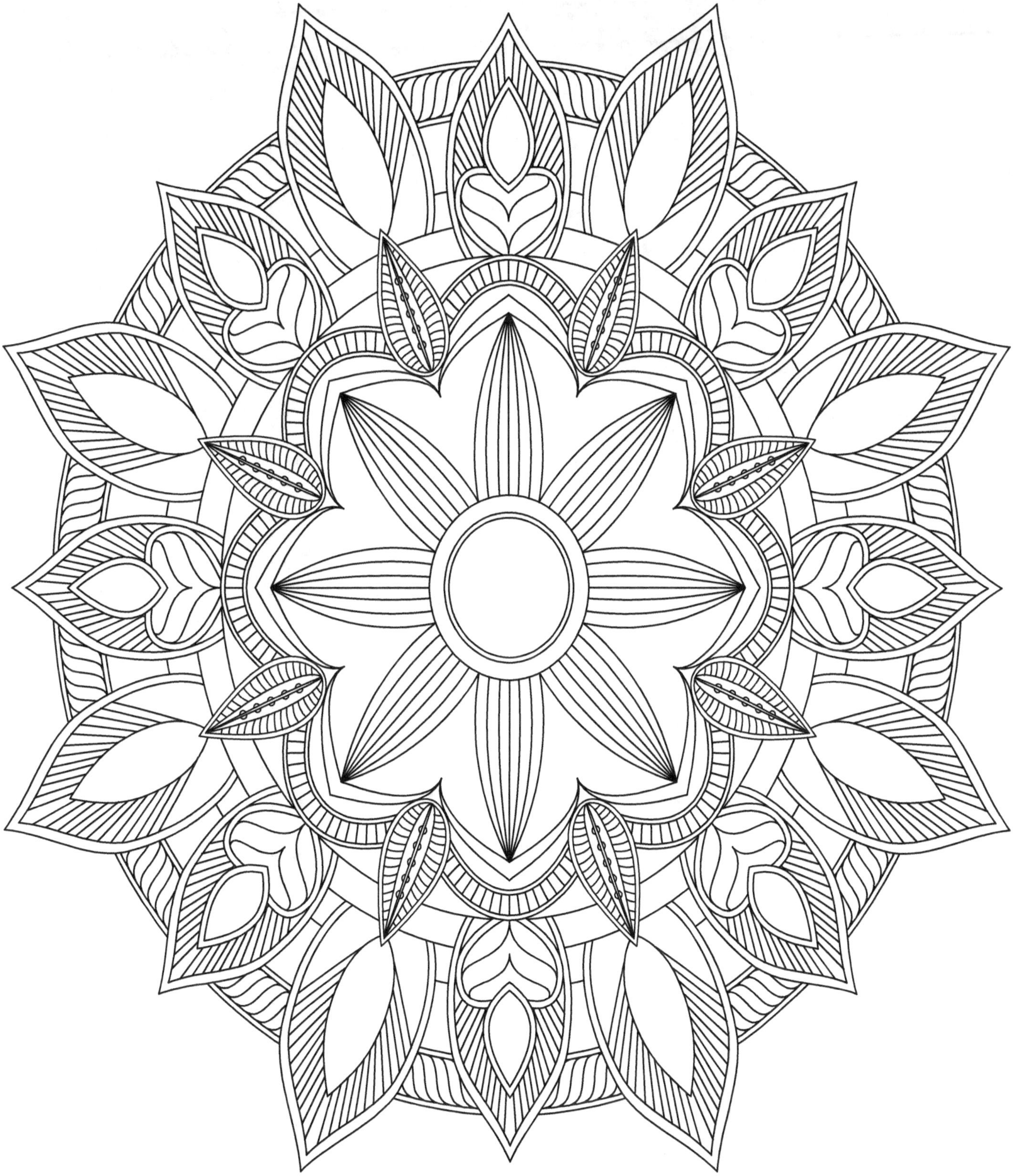

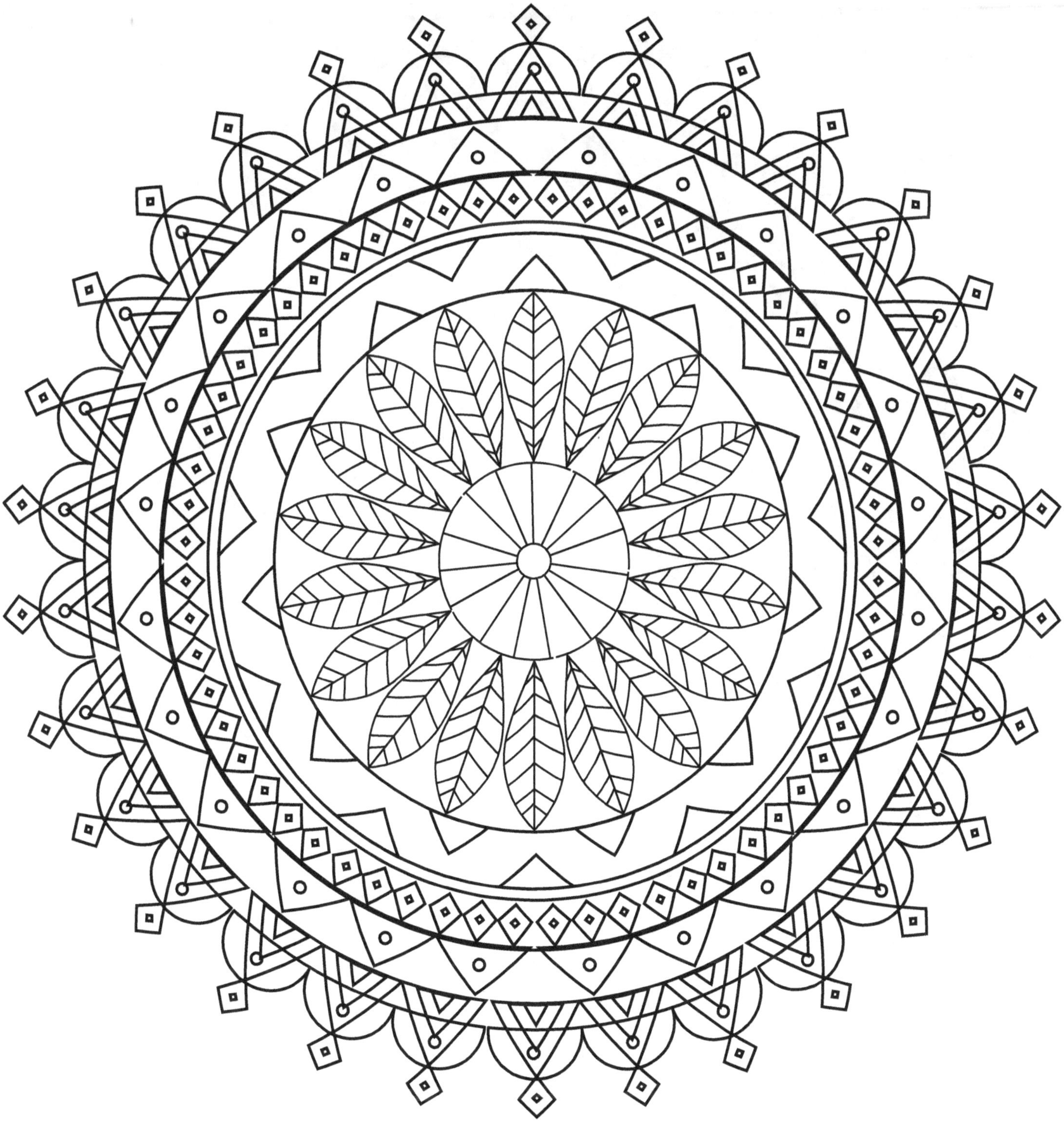

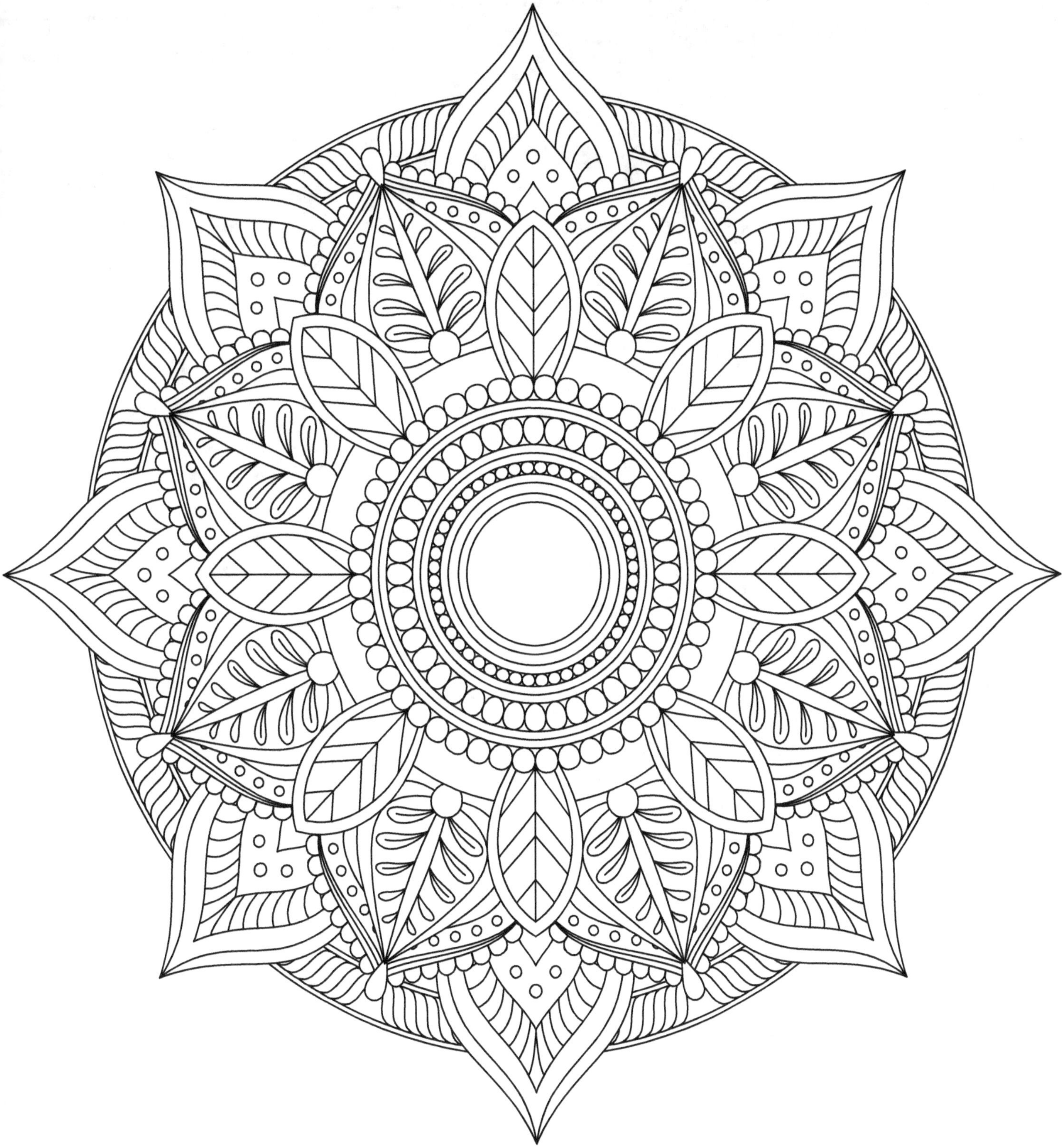

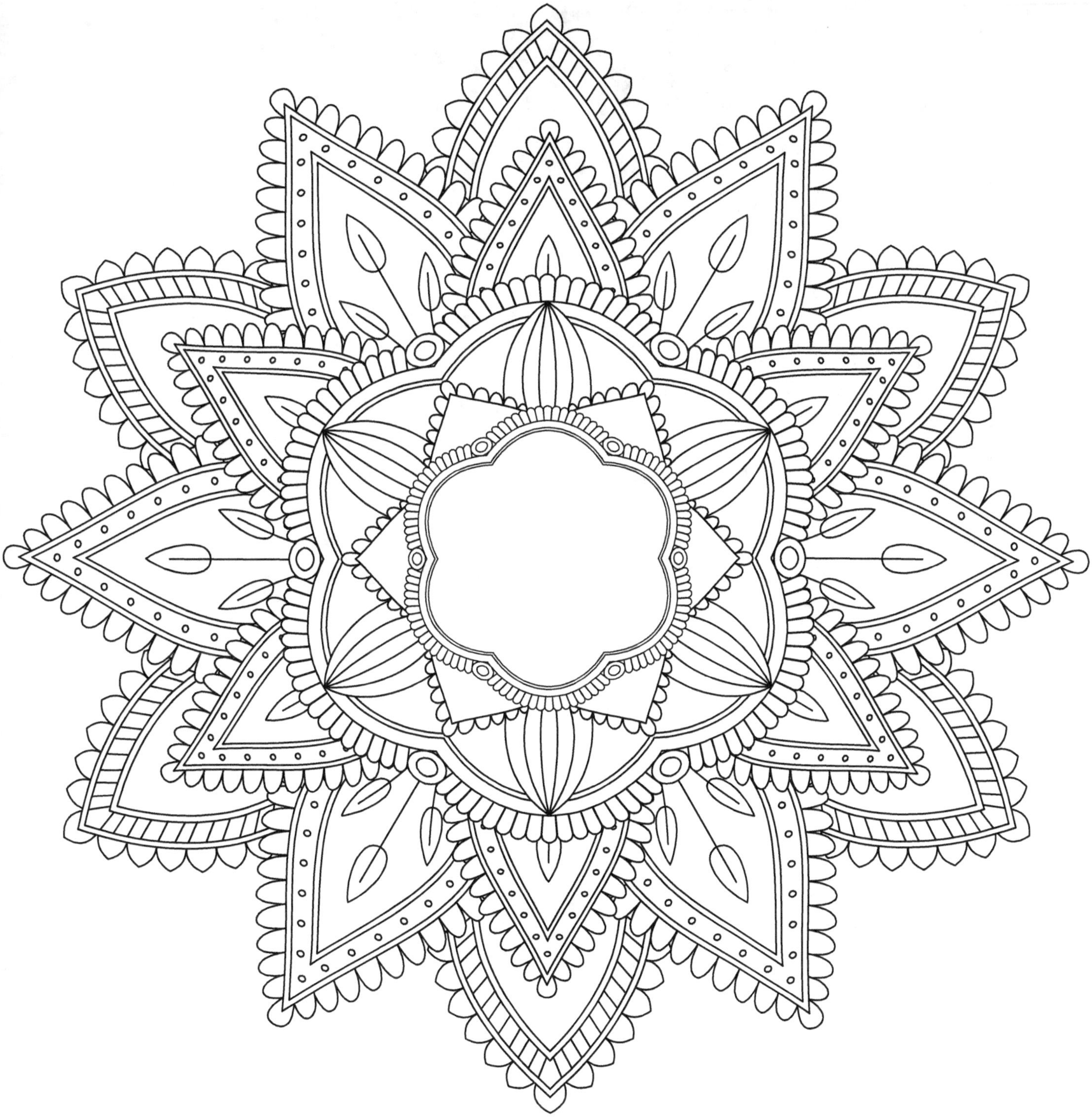

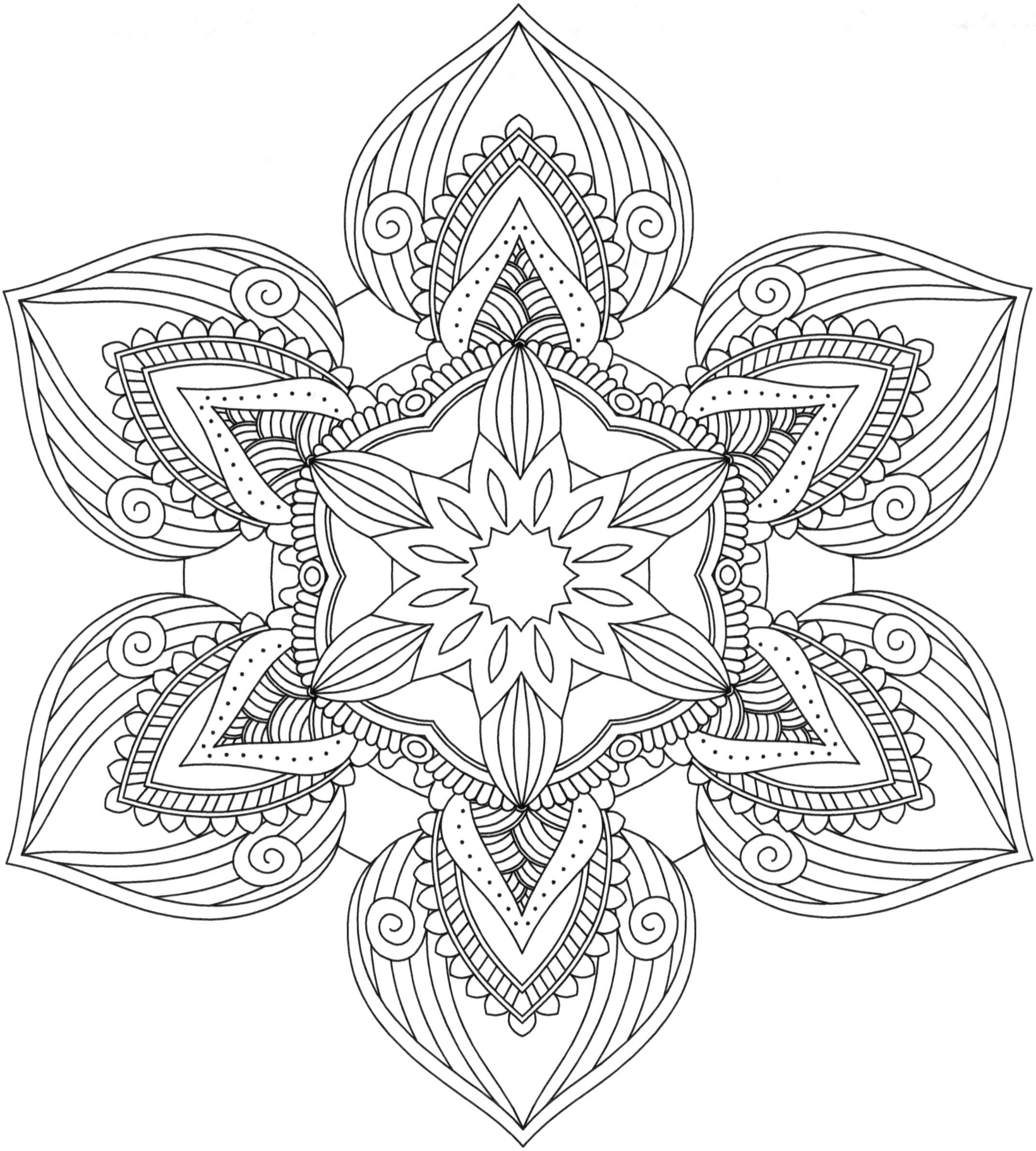

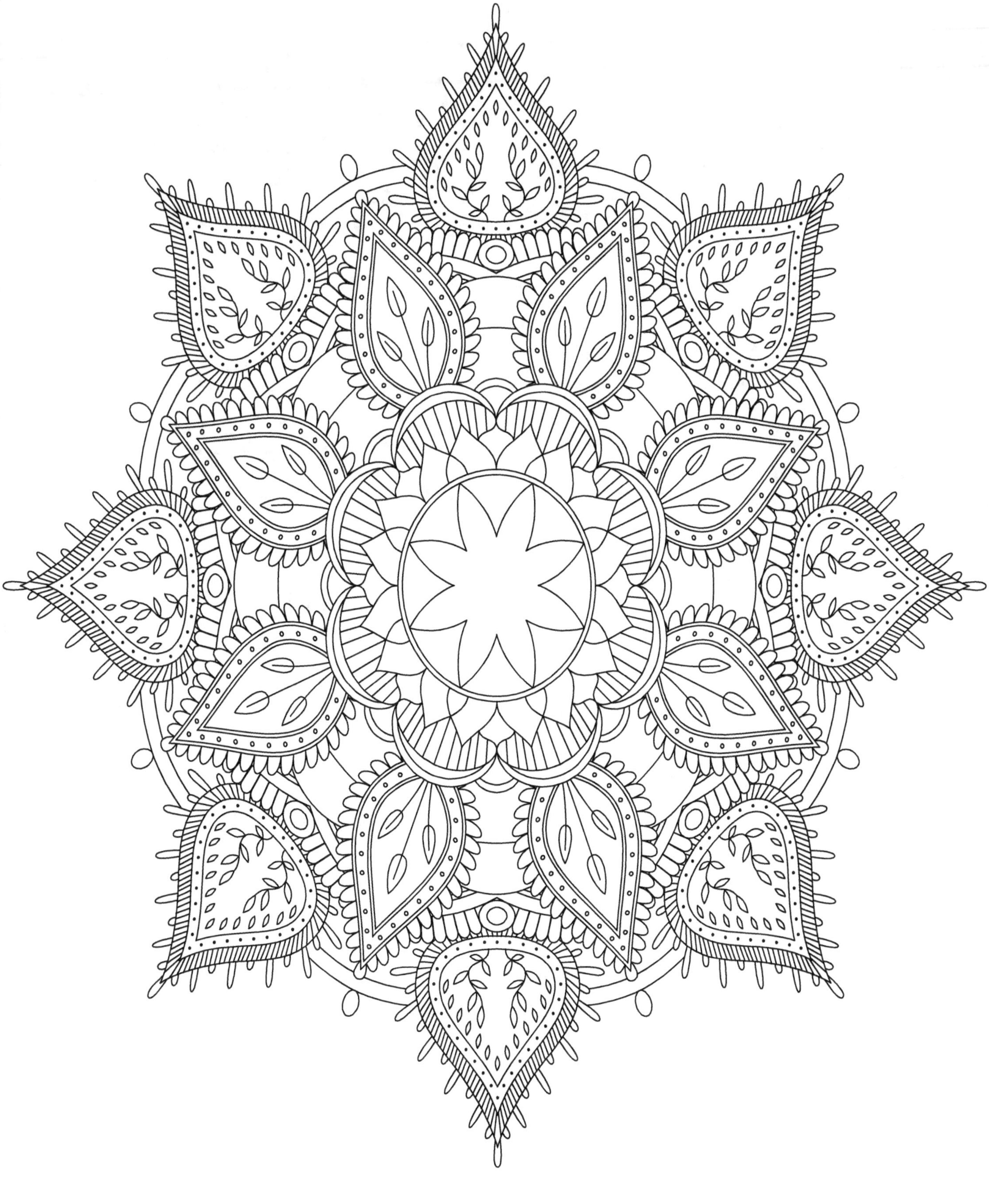

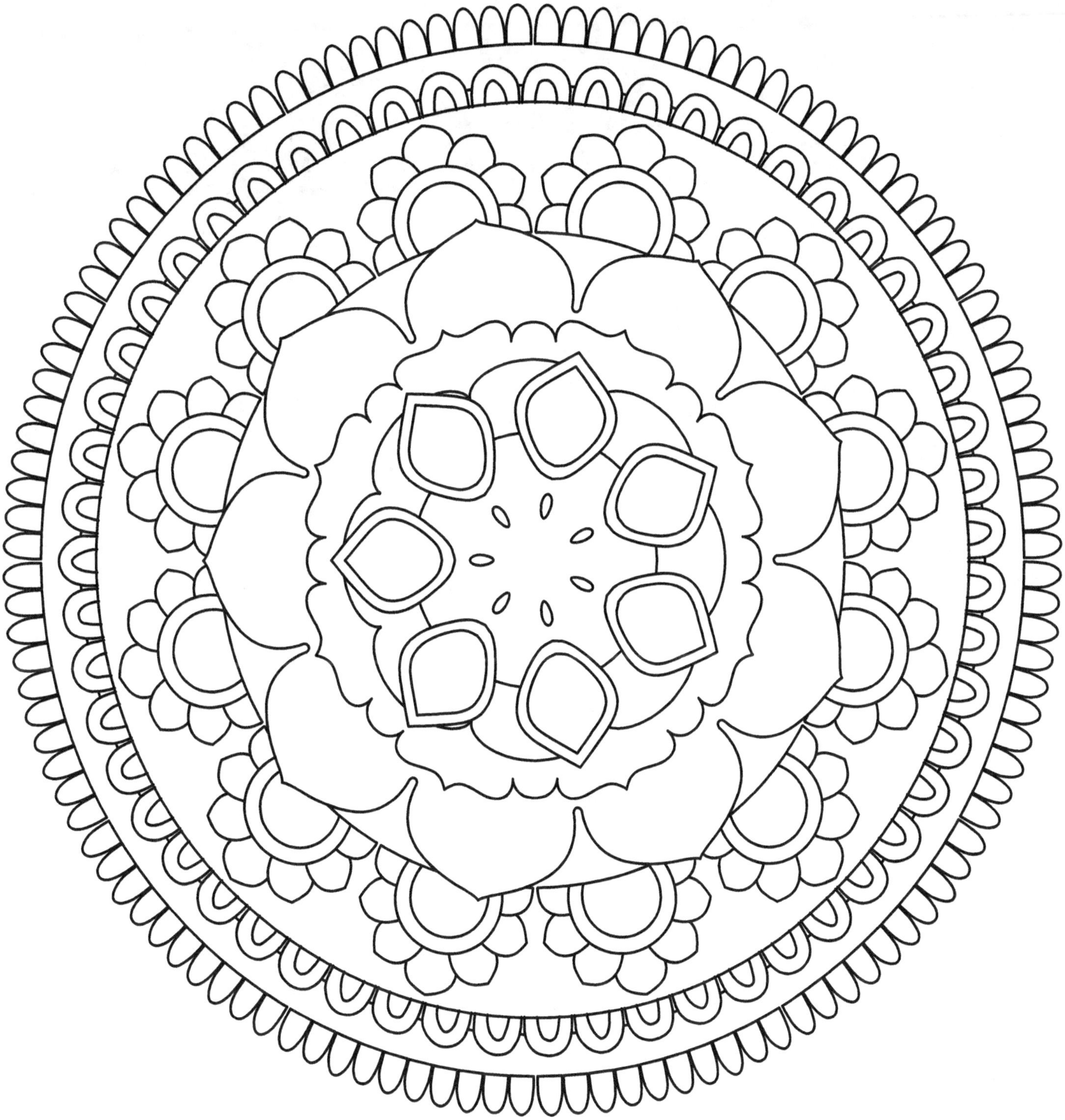

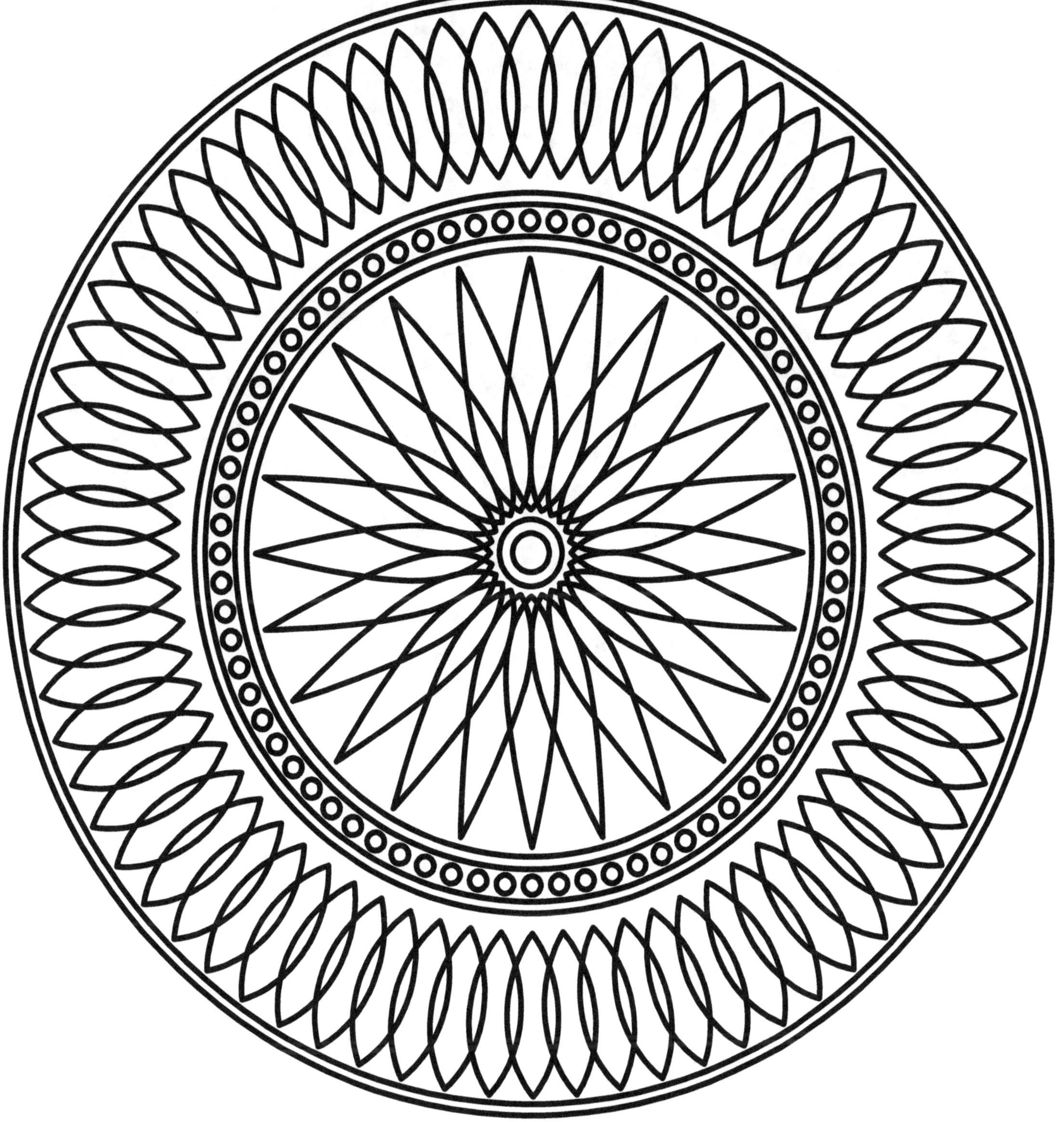

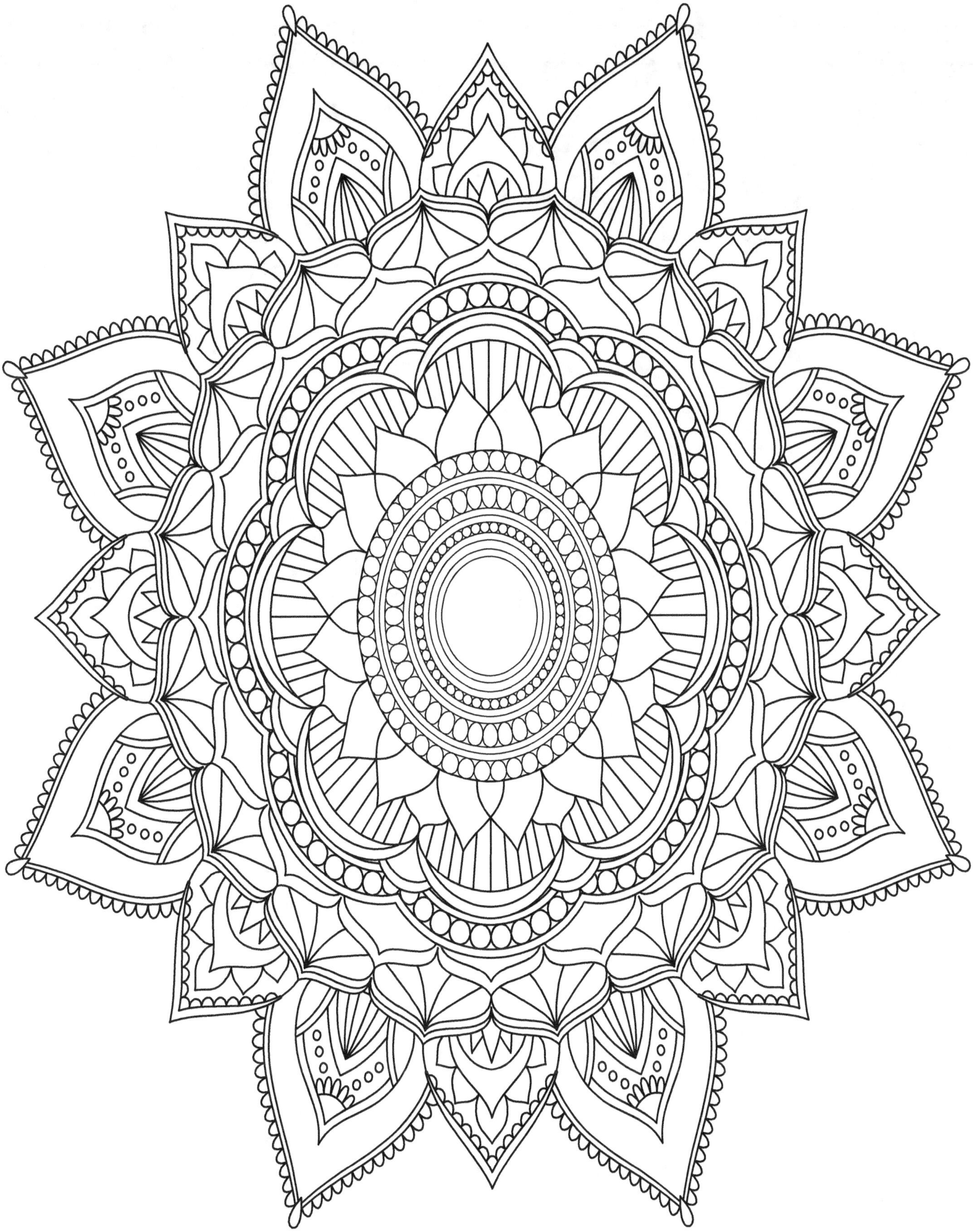

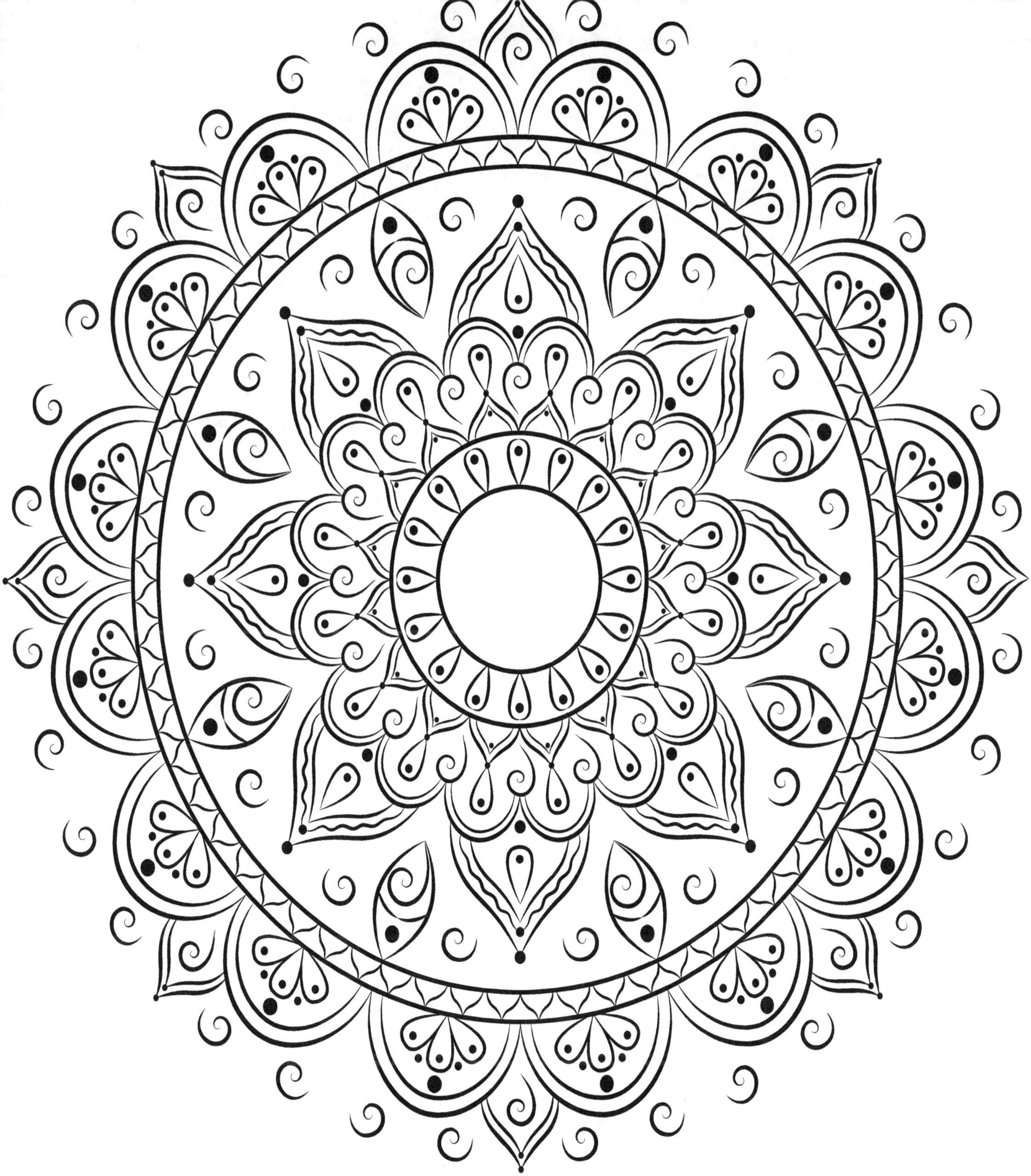

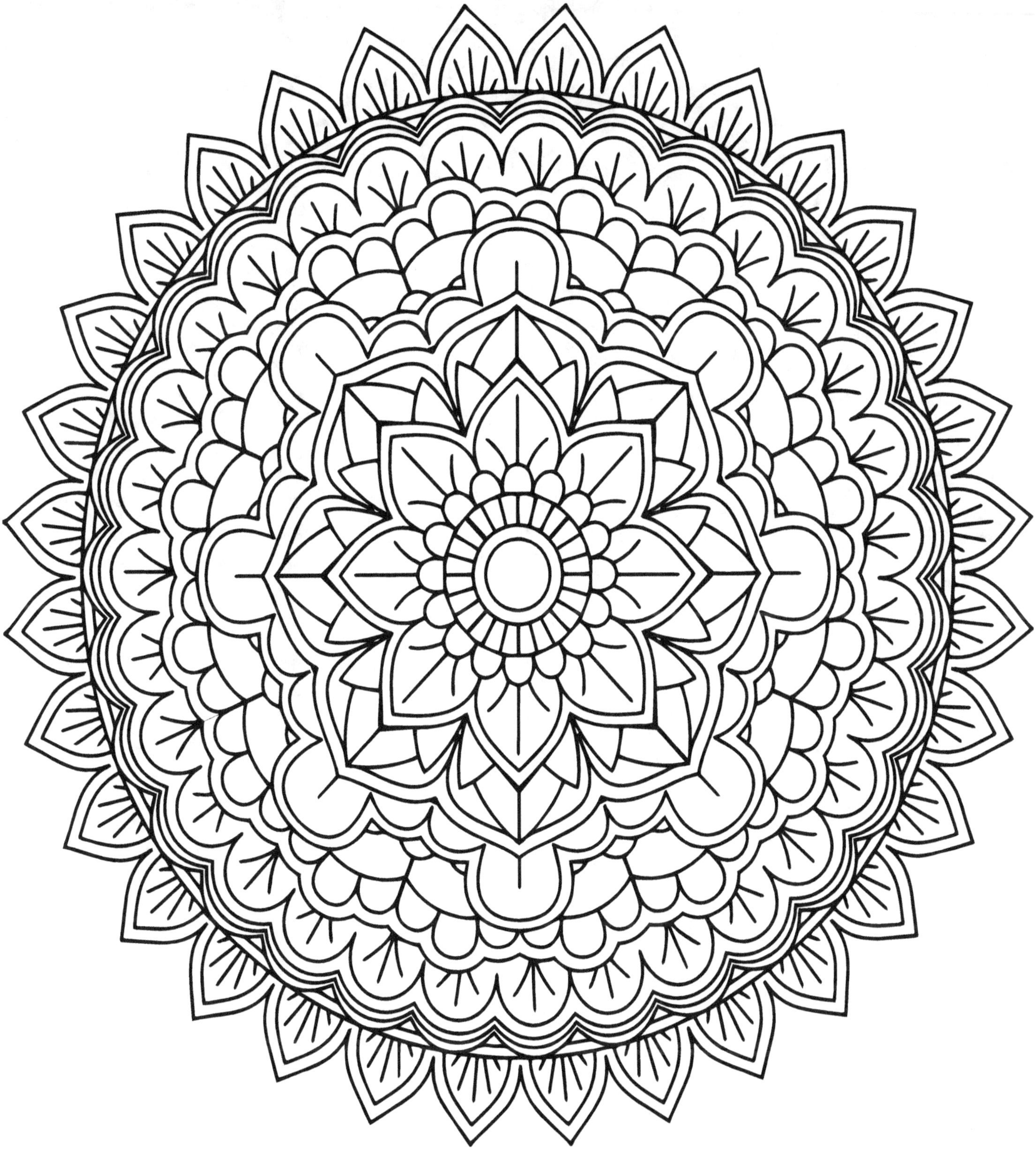

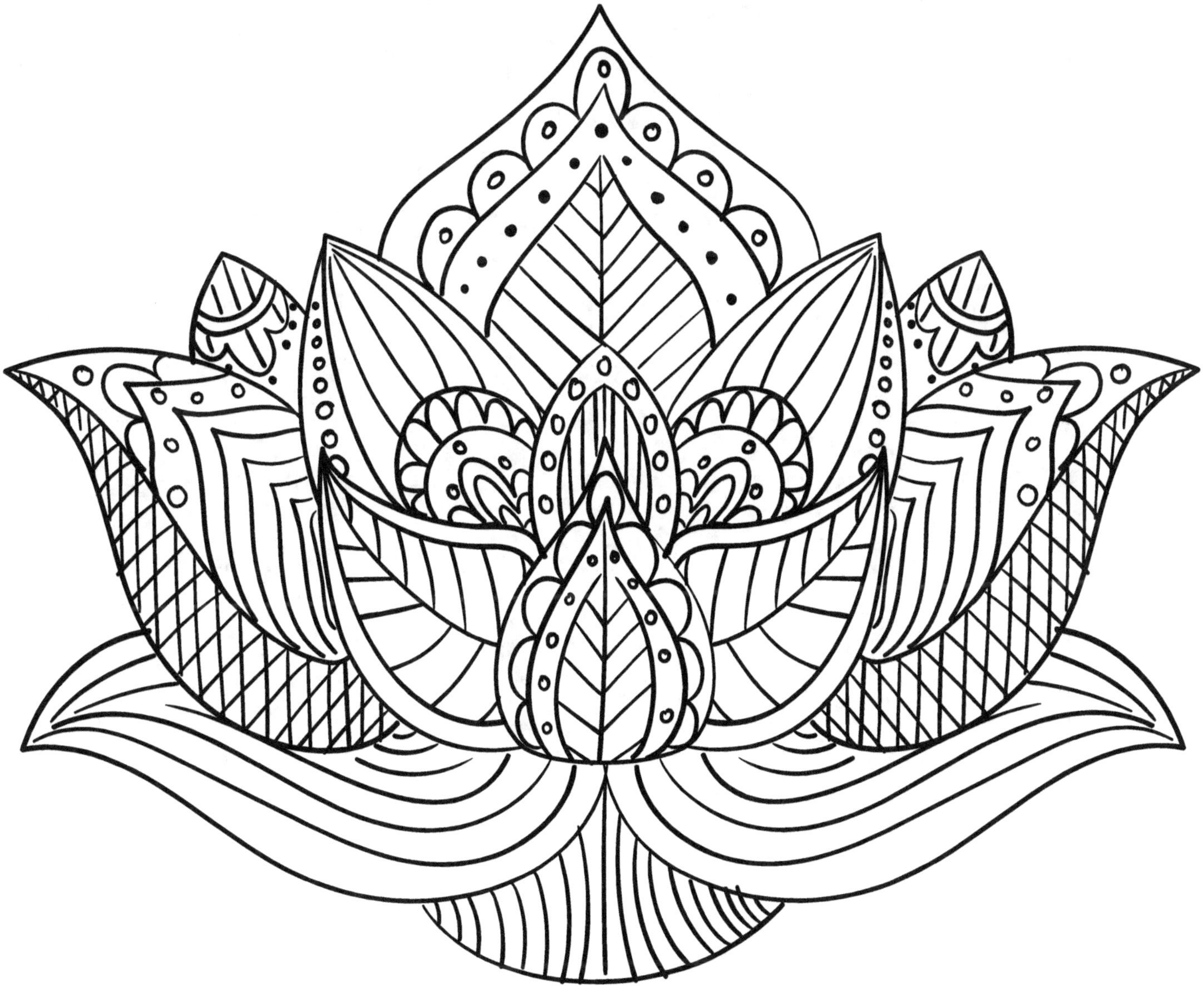

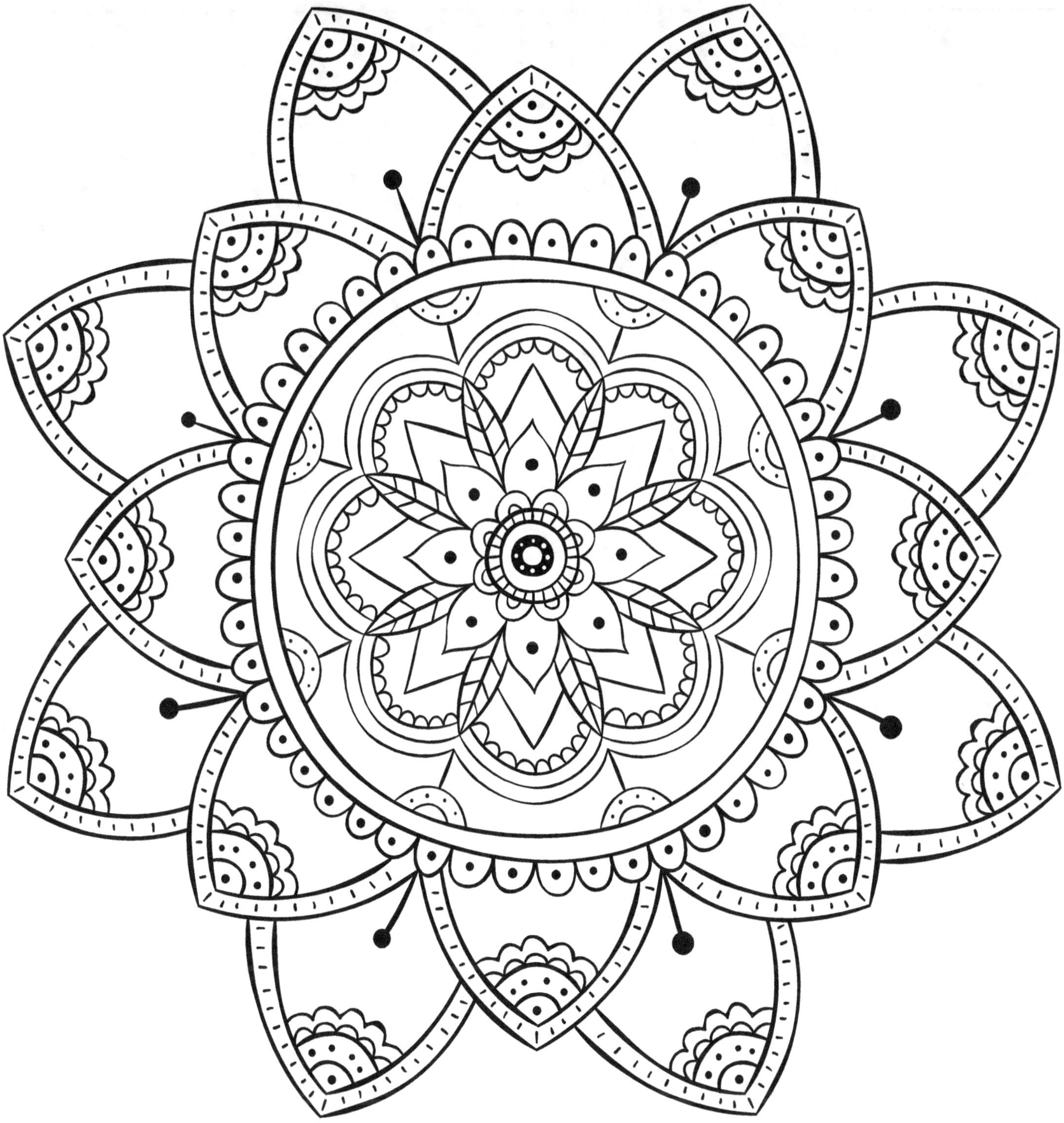

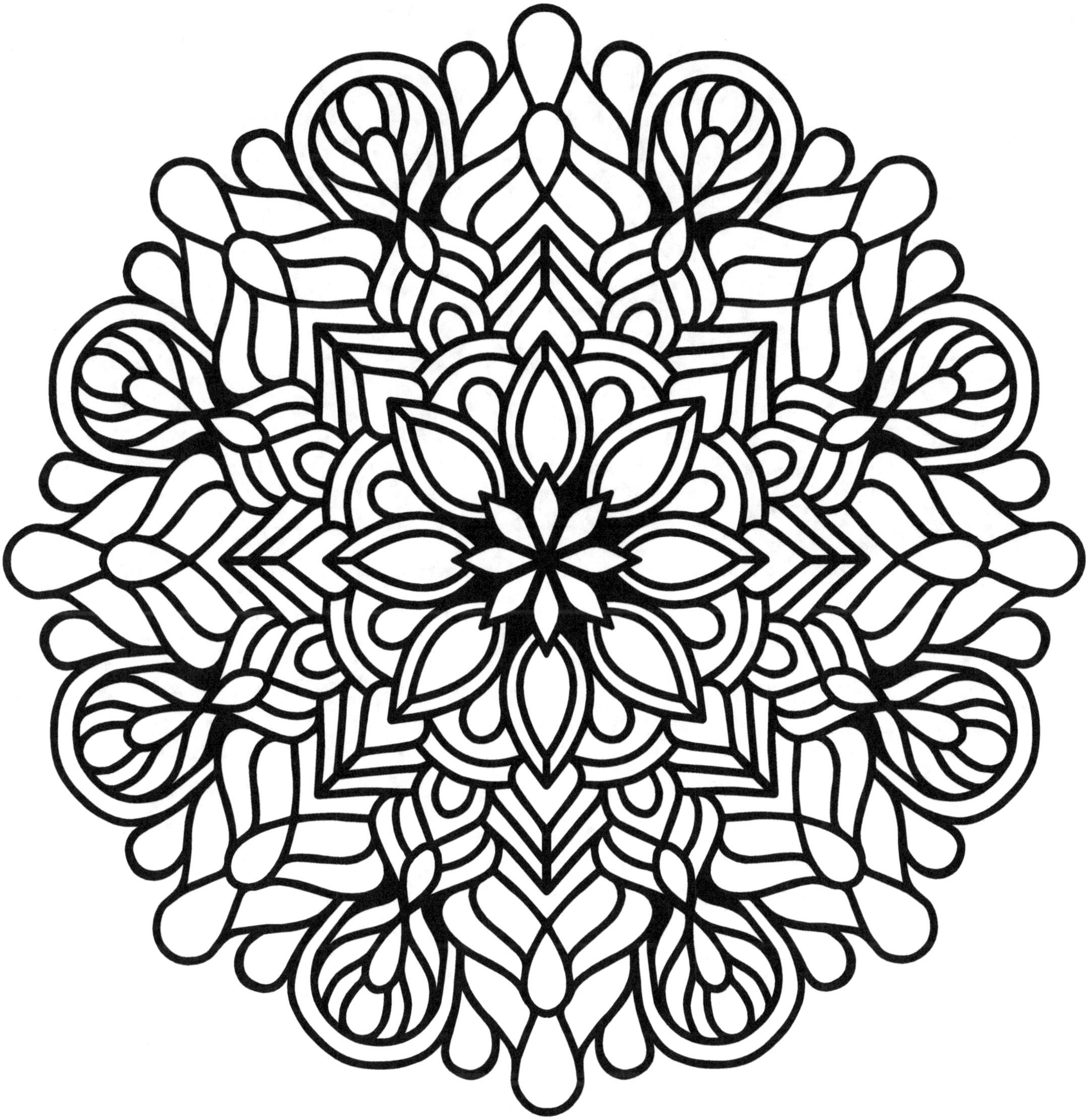

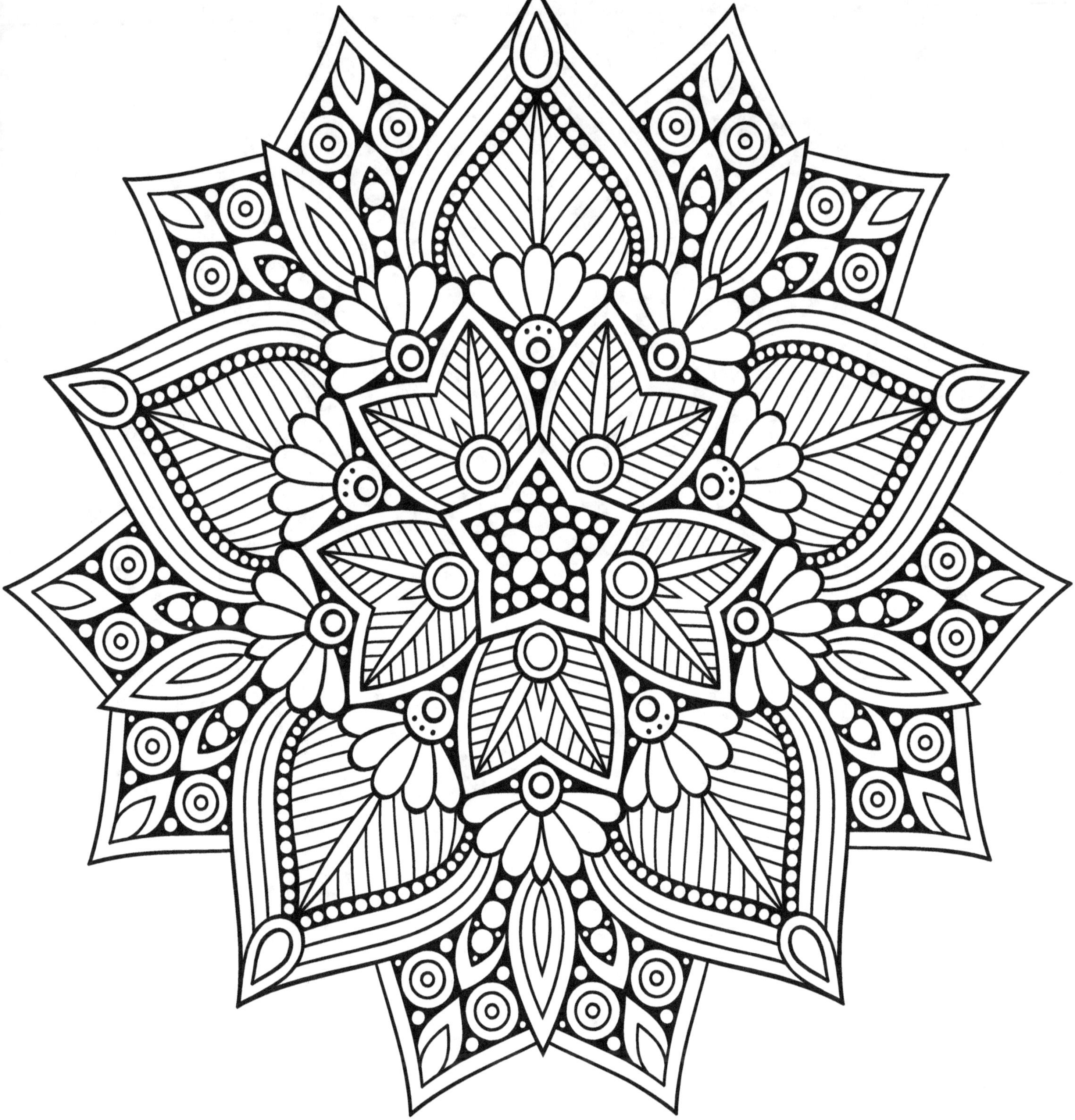

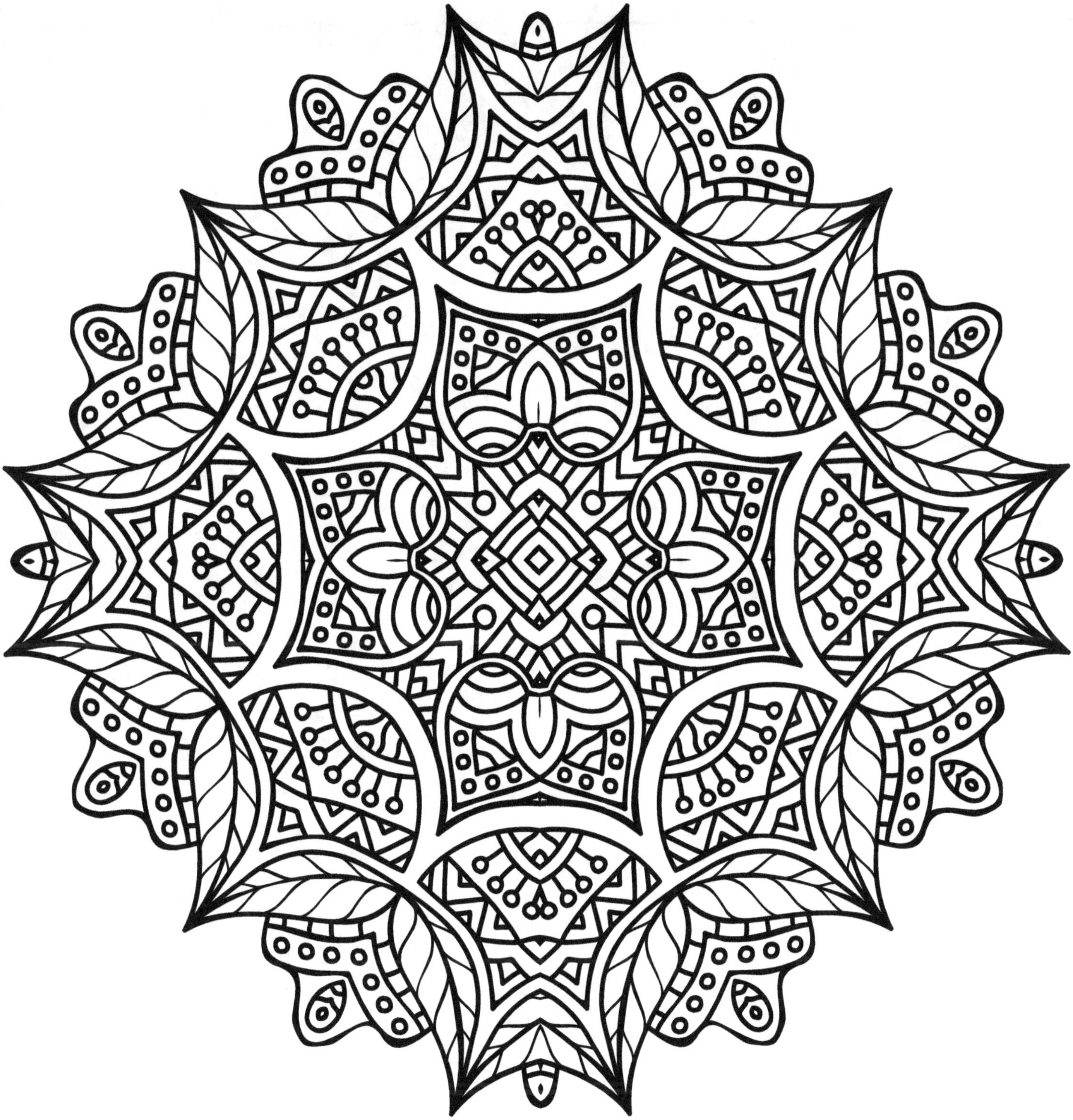

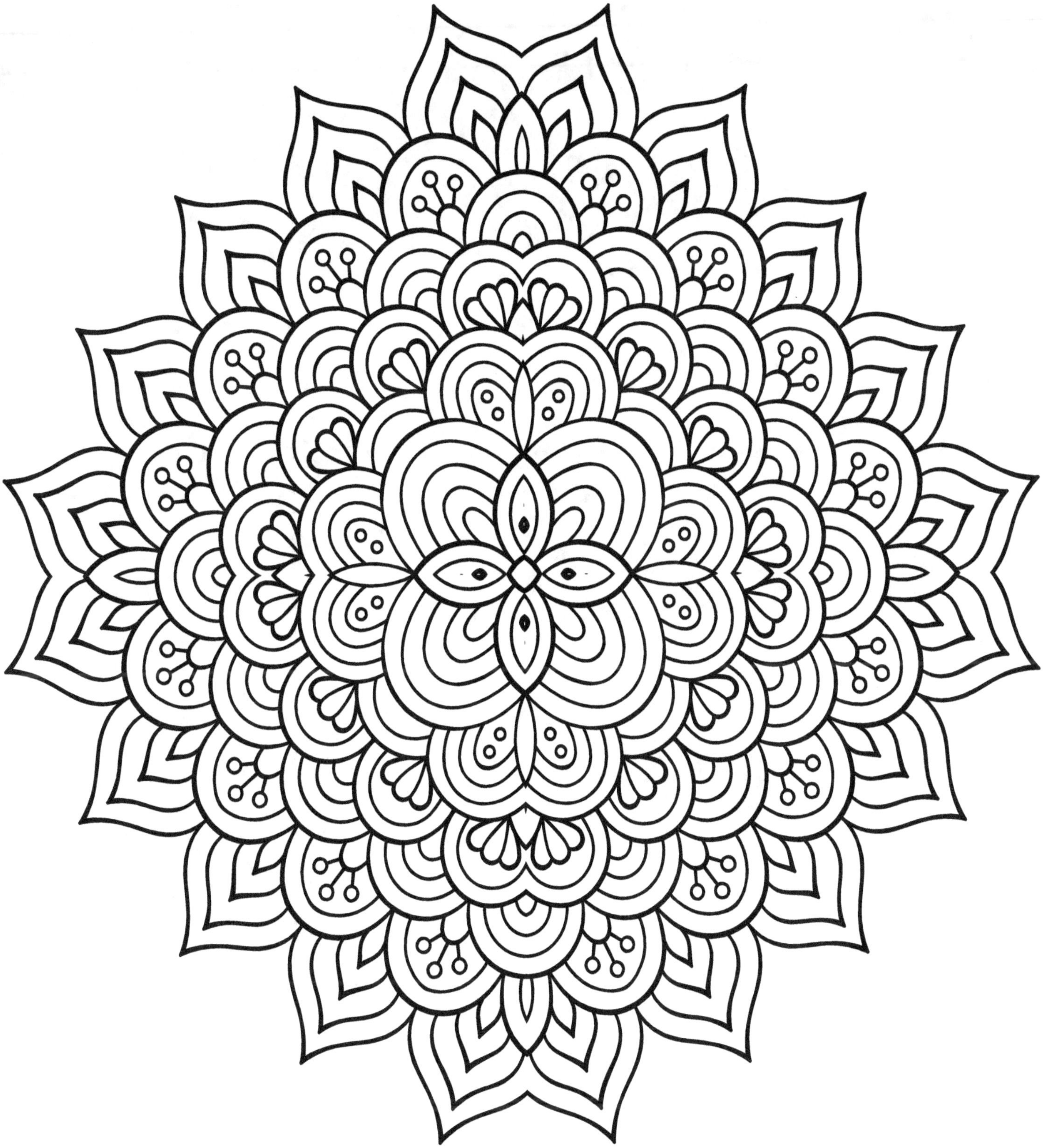

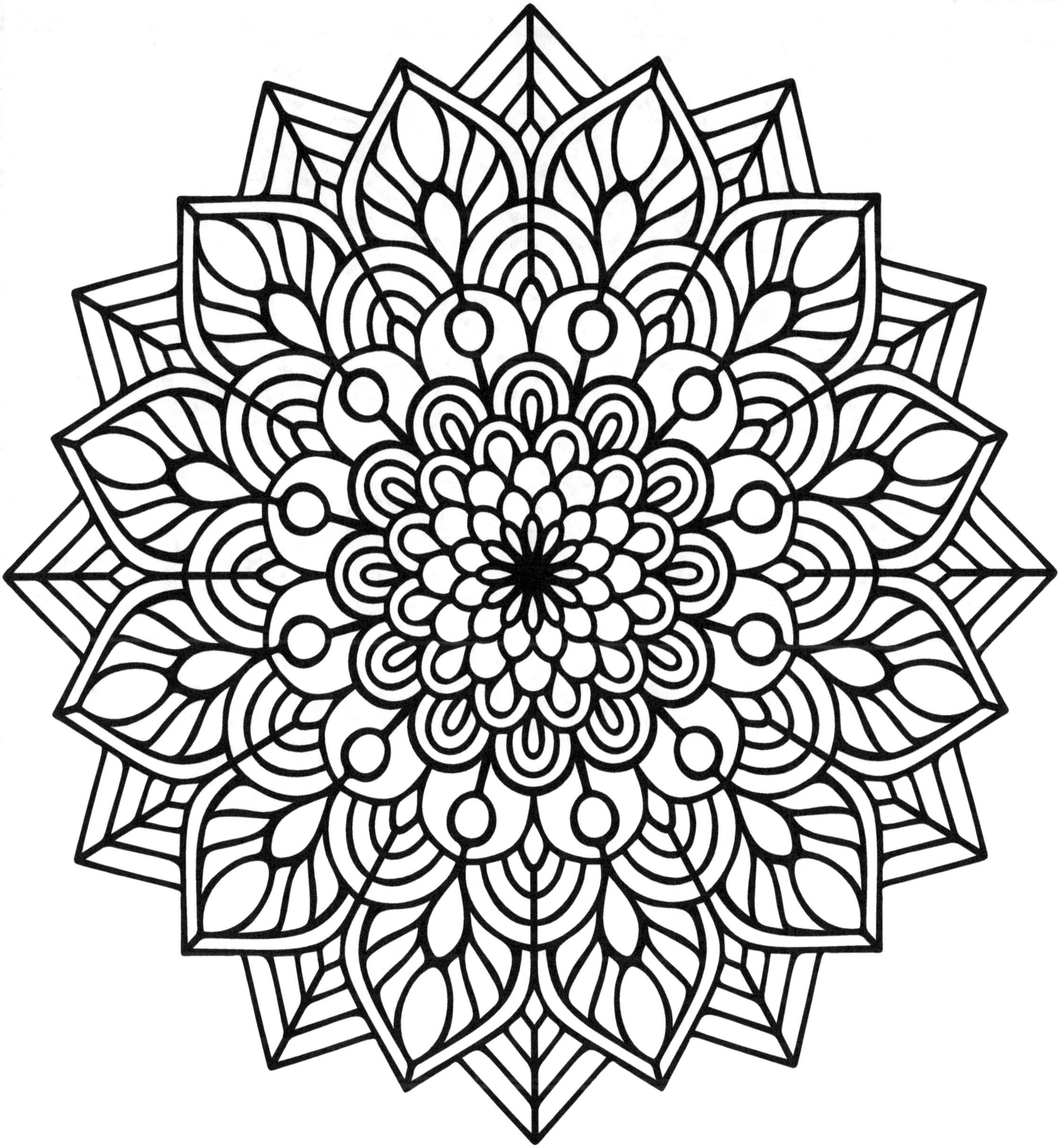

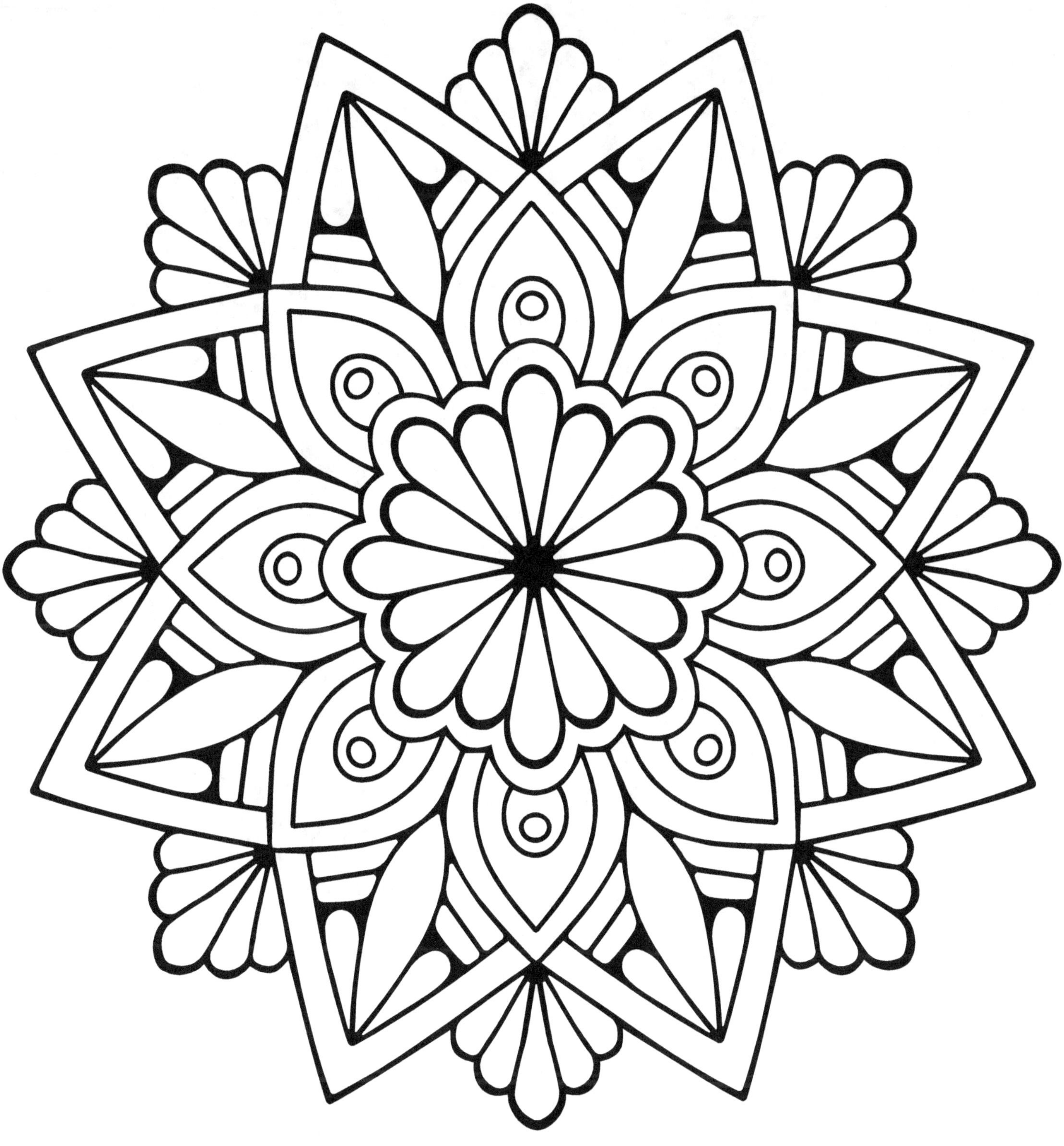

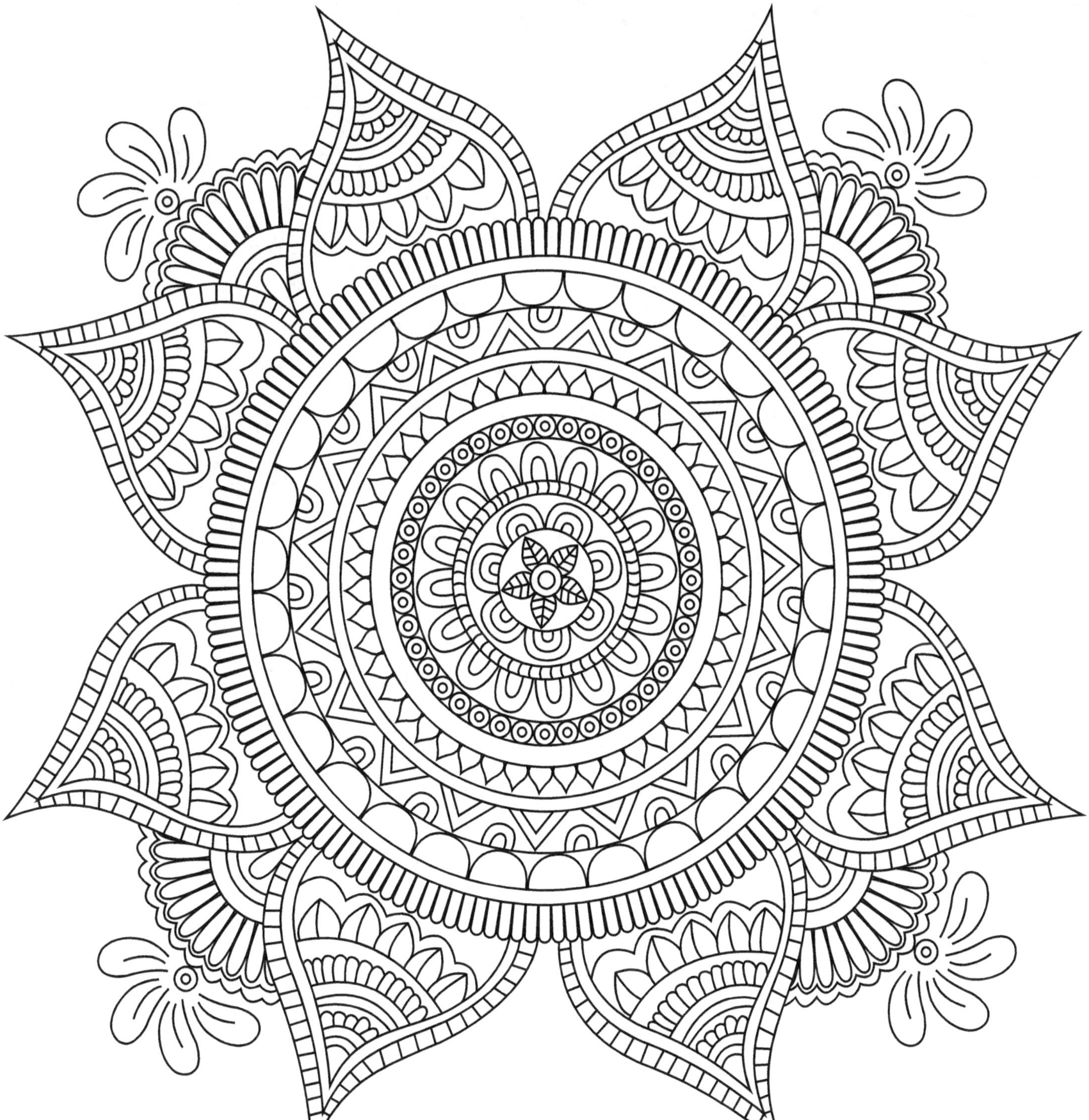

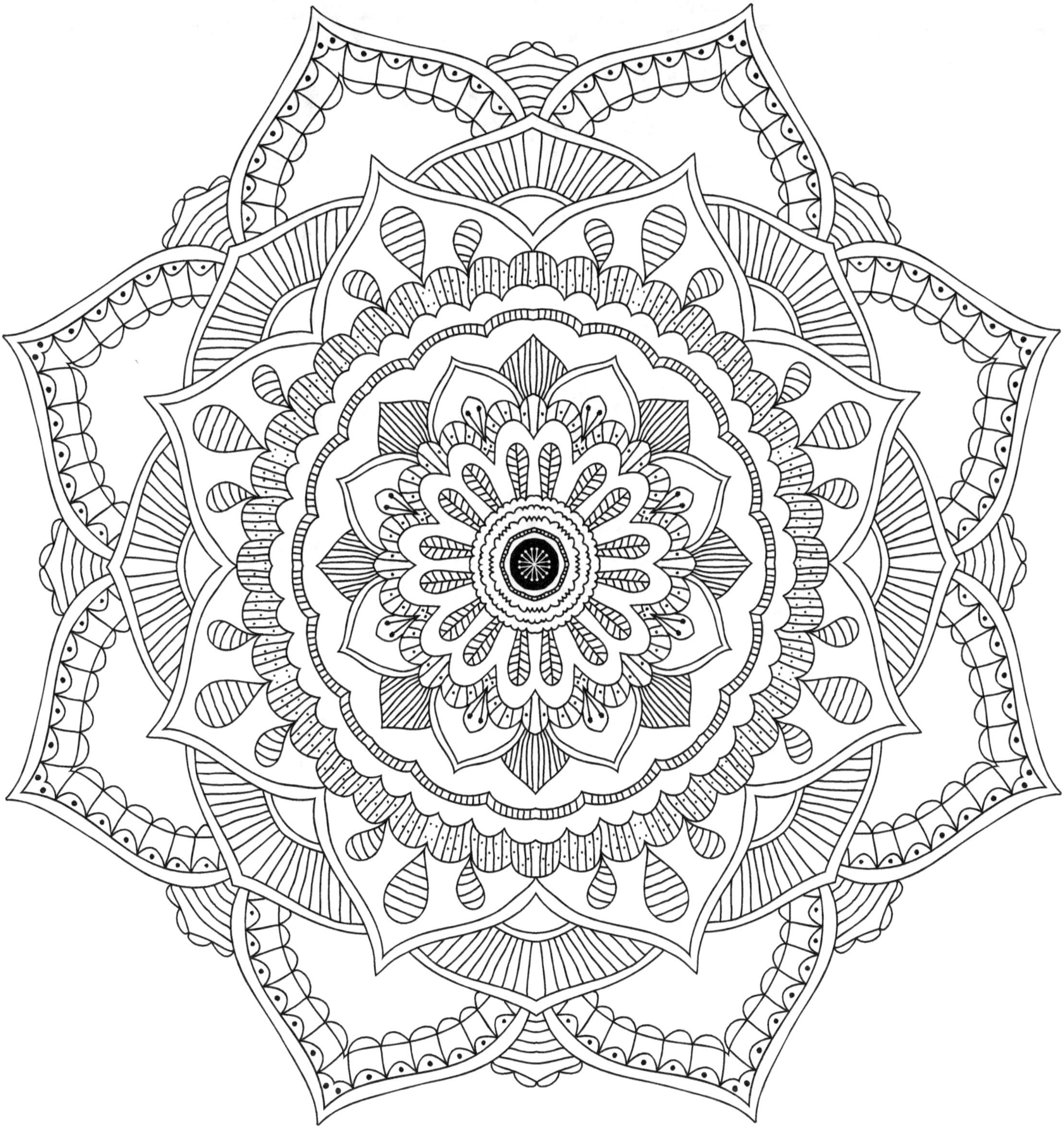

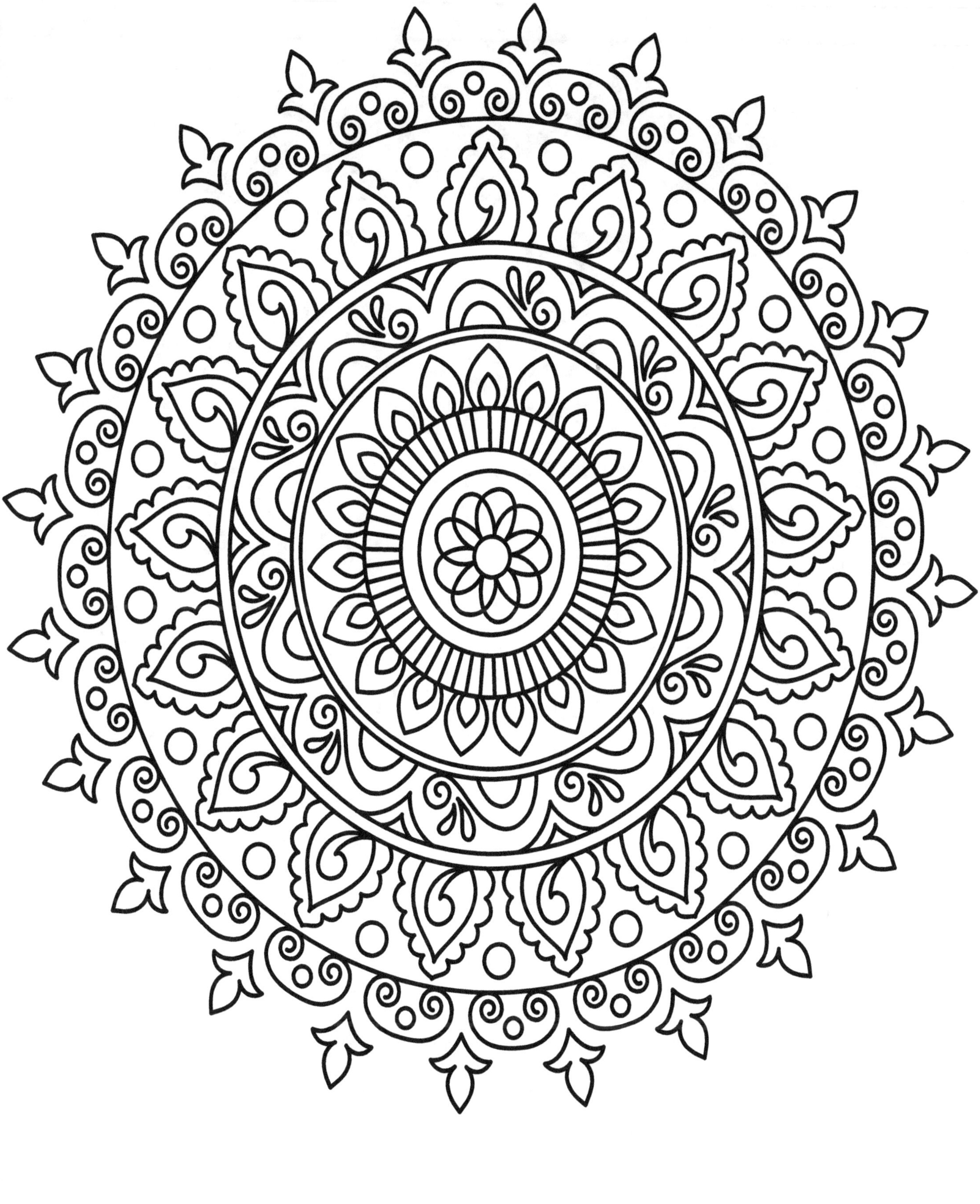

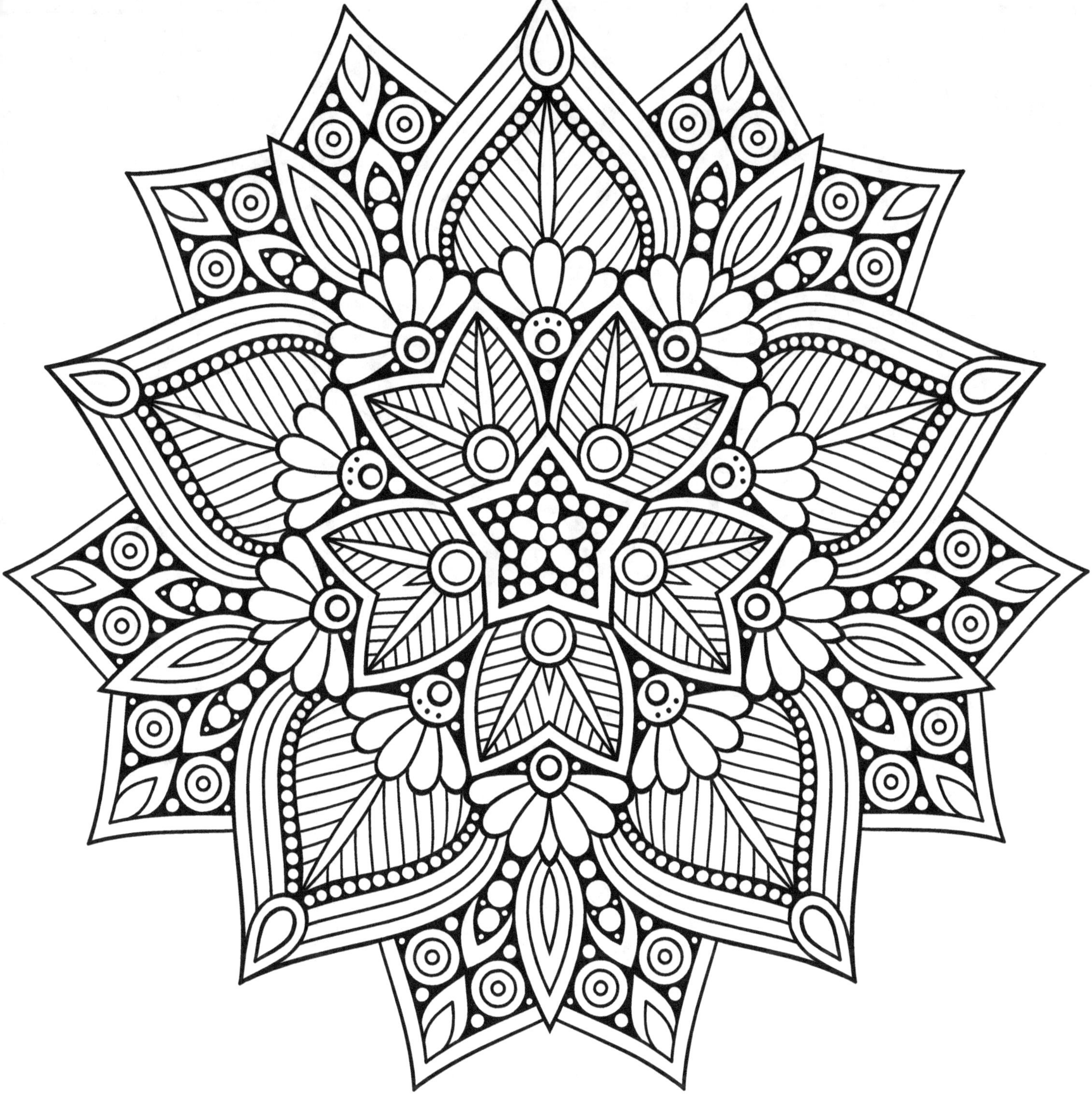

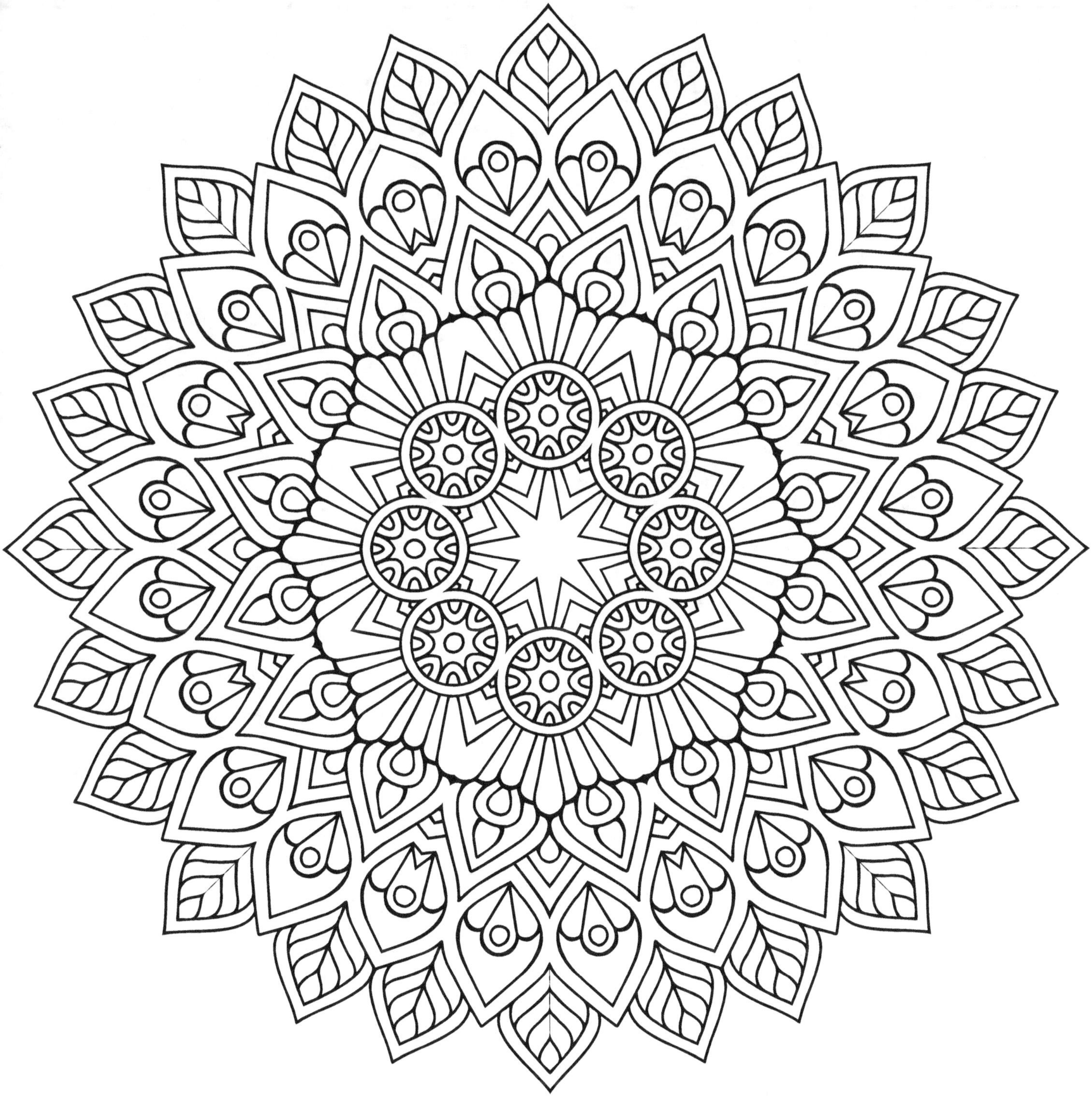

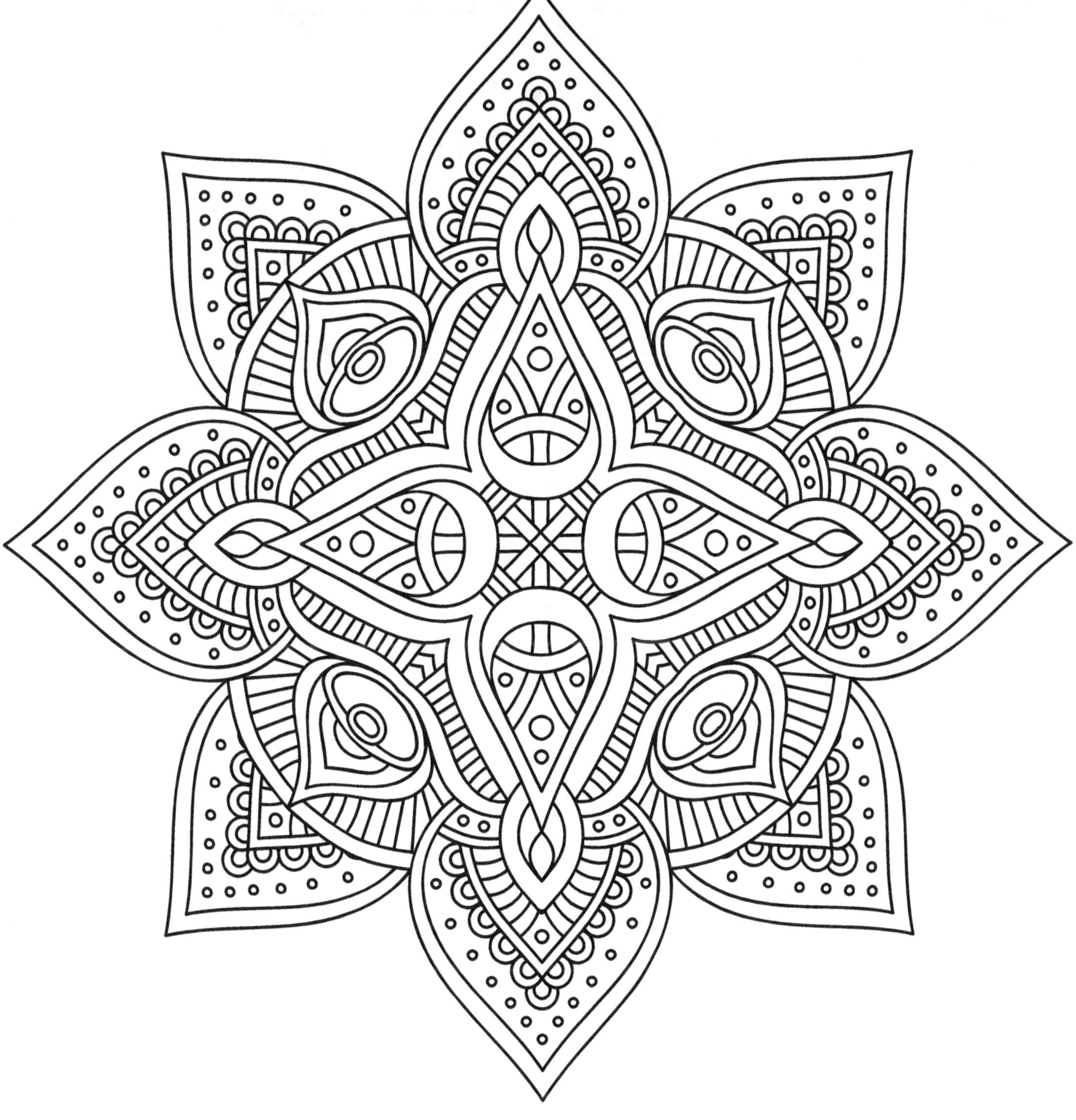

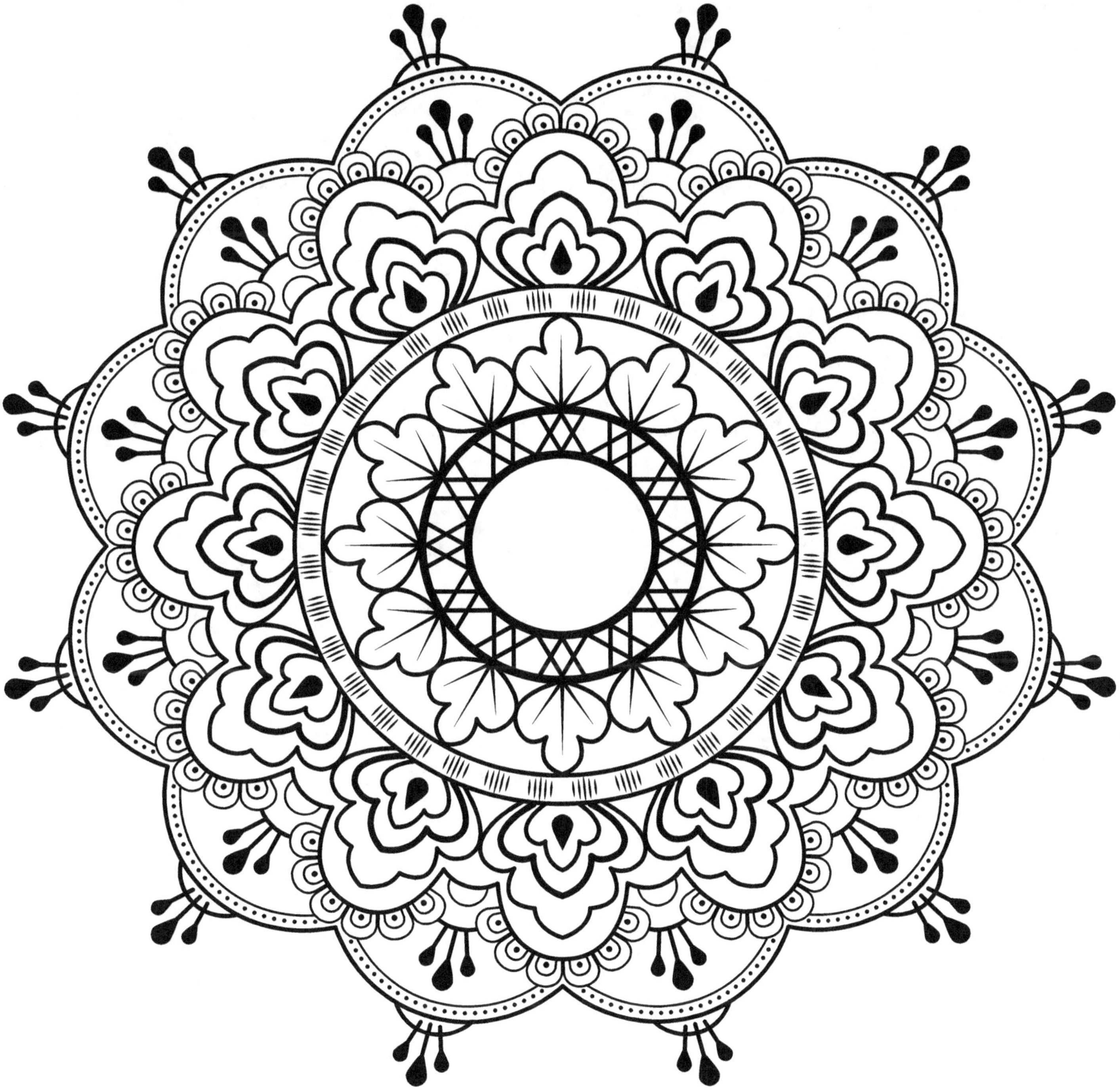

www.ingramcontent.com/pod-product-compliance
Lightning Source LLC
Chambersburg PA
CBHW081540220526
45467CB00010B/3266
* 9 7 9 8 7 1 4 3 4 2 5 7 8 *